Quiero dar las gracias a mis padres, pues sin su formación y los estudios que me han facilitado, no hubiera sido posible la realización de este libro.

También agradezco a mis hermanas por apoyarme en todo momento.

A mis hijos, frutos de mi mayor fuente de inspiración.

Y a mi compañero de letras, Óscar Pascual, quien me ayuda siempre en toda mi singladura literaria.

Esperanza era muy mala tomando medicinas, así que era una verdadera pelea cuando su madre le intentaba dar su jarabe para la tos que le había mandado el médico.

Debido a que su padre sabía que le gustaban las poesías, tuvo la idea de distraerla para que la mujer pudiera darle su medicina.

JARABE DE FRESA

Medicina que el doctor te mandó
para dar descanso a tu garganta
y aliviarte esa molesta tos
que no te deja casi ni hablar.

Seguro que te va a gustar
y como tu batido favorito,
te lo puedes llegar a tomar
si lo disuelves en un poco de agua.

También lo puedes tomar mejor
con una pequeña cuchara que con jeringuilla
pero te aseguro que te encantará
y a fresa te va a saber.

Así que te pido, hija mía,
te lo ruego, por favor,
que te tomes el jarabe de fresa
que te ha mandado el buen doctor.

Tras tomar esta medicina,
buena te vas a poner
y de tan molesta tos
por siempre te vas a olvidar.

Al final consiguieron dar la medicina a la niña, que vio su tos aliviada.

Había llegado el tiempo de que Esperanza se tuviera que poner la siguiente medicina correspondiente para su edad pero tenía pánico a las agujas por lo que a la practicante le era imposible, así que mientras su madre le acariciaba la cabecita, su padre le recitó el siguiente poema:

LAS AMIGAS DE TUS DEFENSAS

Te van a meter unas bellas amigas
que a tus defensas van a ayudar,
para con cualquier enfermedad acabar.

Van a entrar en un líquido
para que puedan recorrer tu cuerpo
y cualquier rincón poder defender.

Son tan pequeñas que deben entrar con aguja
y daño no te va a hacer
solo un leve picotazo vas a sentir.

Te las va a poner una gran persona,
que a ti te quiere ayudar,
y nada de sufrimiento te pretende hacer.

No llores, mi hermosa princesa,
porque eres una gran campeona
y con todo vas a poder.

Ahora te van a poner la vacuna
y mejor te sentirás
cuando a tus defensas comiencen a ayudar.

Al final, la enfermera le pudo poner la inyección y como premio por su valor, le dio una piruleta.

A Esperanza le costaba ir al baño, por lo que su pediatra le mandó las siguientes medicinas para que evacuara más fácilmente pero estaba tan tensa que a su madre le era imposible, así que su padre le recitó el siguiente poema:

BALA PARA TU BIENESTAR

El médico te ha mandado una bala
que es blanda debido a que no es de acero
y aunque te pueda dar miedo,
ella ningún daño te puede hacer.

Está formada por mágicas sustancias,
que todas juntas funcionan fenomenal,
haciendo que eso que te incomoda
de tu cuerpo puedas expulsar.

Niña de mis amores,
estate muy tranquila,
y que no se te suban los colores,
o esta bala no podrá hacer efecto.

Verás que cuando haga su efecto
y actúe dentro de tu pequeño cuerpo,
mucho mejor te encontrarás,
al echar todo lo que te pueda molestar.

Al final, la pequeña se relajó y su madre se lo pudo poner.

Esperanza tenía algo de rinitis provocada por la alergia que tenía, por lo que el pediatra le mandó la siguiente medicina, que al disolverlo en el agua, provocaba unas burbujas que le asustaban, rechazando tomarse dicha medicina, así que el padre le recitó un poema para que la niña perdiera el miedo.

BURBUJAS CURATIVAS

Tómate estas burbujas que te ayudarán
contra ese pequeño malestar que sientes,
para poderlo sobrellevar mejor.

Son muy juguetonas y jugarán en tu boca,
haciéndote pequeñas cosquillas
que te harán que te rías.

No debes tenerlas miedo,
son mágicas
y tienen poderes sorprendentes,
que en tu interior te harán sentir mejor.

Estos sobres burbujeantes
harán que tú cantes
cuando te sientas mejor
y alegre otra vez volverás a ser.

Al final, la pequeña se tomó el medicamento de un trago.

La niña tenía muchas pesadillas, lo que le impedía tener un sue-
ño reparador porque le costaba dormir, así que el pediatra le mandó
la siguiente medicina para que le ayudaran a viajar al mundo de los
sueños. Debido a que la niña no quería tomarse esa solución, el padre,
cada noche, le recitaba el siguiente poema:

BREBAJE ANTI- PESADILLAS

Te voy a dar una medicina
que te hará tan fuerte como Asterix
y nada te podrá vencer.

Te dará suficiente fuerza
para cualquier enemigo derrotar,
por lo que miedo dejarás de tener.

Si te lo tomas, a los monstruos vencerás
y tranquilamente podrás dormir,
sin que nada te pueda perturbar.

Mi niña bonita, toma este brebaje,
que realmente mágico es
y toda la noche podrás dormir.

Mi pequeña, confía en mí
y verás como muy pronto
todos los fantasmas desaparecerán.

Así la pequeña conseguía dormir como un bebé.

Esperanza tenia muchos mocos, por lo que no podía respirar y el doctor le recetó la siguiente medicina, muy parecida al agua del mar, por lo que para que su esposa pudiera echarle la medicina a su hija por la nariz, el padre recitó el siguiente poema poniendo la voz de Sebastián, el cangrejo de la Sirenita, película que a la pequeña le encantaba.

LA CURA DE ARIEL

Vengo a traerte un remedio mágico
que con mucho mimo ideó Ariel,
la bella y alegre sirenita,
que mi gran amiga es.

Es un poco de su agua milagrosa,
que lo saca desde el profundo mar
para que te puedas curar
y, libremente, puedas respirar.

Tiene sal de la cueva mágica,
donde cada día hay fiesta,
y esa energía te ayudará a mejorar.

Que no te asuste la sensación que tengas,
es por tu bien,
y si te relajas, agradable llegará a ser.

Ahora que ha hecho su efecto,
vamos todos a cantar,
como si fuéramos sirenas
y viviéramos debajo del mar.

A parte de esa solución acuosa, el doctor le mandó la siguiente medicina, debido a que la niña estaba muy cansada para que se tomara las pastillas, el hombre recitó la siguiente poesía:

LAS PASTILLAS DE POPEYE

Niña de mis ojos, te traigo un gran remedio
que una vez me entregó un marinero,
que tiene mucha fuerza
y tú admiras su grandeza.

Son unas vitaminas que él toma
para poder mantener la energía
y junto con las espinacas
forman una mezcla genial.

Aunque parezca que tu garganta no las va a
poder atravesar,
sin hacerte daño la va a recorrer
hasta llegar a tu tripita
y será entonces cuando una gran fuerza
sentirás.

Te la voy a rebozar con azúcar
para que tenga un dulce sabor
y más agradable te pueda resultar.

Ves, mi niña adorada, tampoco es tan mala
y con un poco de azúcar,
todo sabe mejor
y seguro que te gustará.

Así, con un poco de dulzura y de versos de imaginación, Esperanza comprendió que las medicinas eran sus amigas.

Esperanza no quería comer las hortalizas porque decía que tenían unos sabores muy raros pero, además, no veía todo el trabajo que llevaba que los vegetales estuvieran en la tienda, por lo que sus padres decidieron llevarla a un huerto que tenía un amigo en su finca.

Su madre decidió vestirla como esos agricultores que salen en los libros de cuentos, con un peto vaquero y un sombrero de paja, para que el sol no le quemara su cabecita.

Durante el viaje, la niña no dejaba de hacer preguntas, por lo que su padre le recitó la siguiente poesía:

TUS AMIGOS DE COLORES

Te presento unos chicos muy especiales
que aunque no tienen súper poderes,
sí tienen cualidades excepcionales
que con atención debes aprender.

Hay chicas que son muy espigadas
y de color naranja van vestidas,
que de tu vista son amigas
y te dan toda su energía.

Hay un chico algo regordete
que tiene un intenso rojo color,
que por sus poderes algo especiales,
llena de alegría el corazón.

Vienen acompañados de su compañera
que lleva su verde traje,
que transmite mucha esperanza
y con cariño te llena la panza.

Todas juegan juntas en un bol,
donde se bañan con mucho tesón,
nadando para llamar la atención,
y en tu barriga cantar una alegre canción.

Se juntan con sus primas,
que son de alegres colores,
para montar una gran fiesta
de fuertes vitaminas de ilusión.

Tus amigas de tantos colores
son las sanas hortalizas,
que se juntan para festejar,
con su color y su rico sabor, que unidas están.

La pequeña se quedó tranquila el resto del recorrido.

Cuando llegaron al huerto, lo que más llamó la atención a la pequeña fueron unas matas con unos frutos redondos y rojos como la sangre, era una tomatera y para calmar la curiosidad de su hija, el padre le recitó la siguiente poesía sobre este fruto.

CORAZÓN DE TOMATE

Soy de color rojo, de distinta intensidad
según el sol me quiera dar,
y él me da mi colorida,
de ahí que haya tanta variedad.

Si me miras fijamente, me sonrojo
y el más intenso rojo cojo
y recibo el color de tu corazón.

Si me sacas demasiado pronto,
me da un poco de vergüenza,
por lo que tomo un tono verdoso,
que es sinónimo de esperanza.

Mi origen es muy humilde
y del americano continente vengo,
y gracias a los latidos del corazón,
me he convertido en tomate del corazón.

Si fuertemente me aprietas,
en zumo me puedes transformar
y como líquido me puedes beber,
y con gusto calmaré tu ser.

Si quieres que te resulte más agradable,
frótame en un trozo de pan,
échame un poco de sal
y me transformo en un gran manjar.

Mi nombre es el de tomate,
porque de mil formas me puedes degustar,
y seguro que alguna te puedo gustar
y alegremente te voy a alimentar.

El amigo de los padres de Esperanza estaba sacando la siguiente hortaliza que necesitaba para hacer la comida. Esperanza intentó imitarlo pero no pudo sacar ese vegetal. Su papá la ayudaba mientras le recitaba el siguiente poema:

LA ALEGRE ZANAHORIA

Soy una chica algo tímida,
por eso, hasta estar bien convencida,
me escondo bajo la tierra
y solo muestro mis hojas más tiernas.

Al ver la luz, algo me sonrojo,
por lo que cojo este color anaranjado,
que por todo el mundo es amado,
y le ayuda a cuidar sus ojos.

Soy buena para la vista
y si gafas no quieres llevar,
me debes con devoción comer,
y por siempre sana estarás.

Que no te asuste mi aspecto
y aunque no tengo el mejor cuerpo,
mi sabor es muy dulce
y estoy segura que te voy a gustar.

Si quieres saber cuál es mi sabor,
es como el de una patata dulce,
pero a mí, cruda, me puedes comer.

No me hagas desprecio y pruébame,
y te transmitiré toda mi alegría
y verás todo del color de la fantasía.

Ya me he presentado
pero mi nombre no te he dicho todavía,
y es el de zanahoria,
y soy toda alegría.

Espero nos hagamos amigas
y tengamos una buena relación,
y me haría mucha ilusión
que conmigo disfrutaras un montón.

Se dirigieron a recoger los siguientes vegetales y la pequeña dijo que tenía volantes, como los de un vestido, el dueño del huerto recogió unas hojas que estaban en el suelo y se las colocó a la niña como si fuera una falda, mientras su padre, con ayuda de su esposa, que se movía como una bailarina de flamenco, recitó la siguiente poesía:

VESTIDO DE LECHUGA

Hojas que le gustan al caracol
y le atraen por su alegre color,
que degusta con gran ilusión
mientras está tomando el sol.

Vestido de verdes volantes,
que en forma de hojas se disponen,
como los trajes de sevillana,
bailando a la ilusión y a la esperanza.

Me protejo del frío poniendo capas,
una sobre otra, como si fuera una cebolla,
pero las mías son de color esperanza
o del verde fresco de lechuga.

Ya he dicho mi bello nombre
y mis hojas forman un vestido,
que es en el mundo apreciado
y ayuda a que te quedes dormido.

Otro de mis efectos es quitar el hambre
y lo hago con gran alegría,
con mi vestido verde de fantasía
cuando alegre veo llenar tu panza.

Te invito a vestirte conmigo,
tanto por dentro como por fuera,
por dentro te quito el hambre
y por fuera refresco tu cuerpo.

Si me juntas con el rojo tomate
y con mi fresco amigo, el pepino,
formamos una gran fiesta,
que a parte de alegrar, alimenta.

Si me comes de forma constante,
te sentirás estupendamente
y tu aspecto será tan fresco
como mi bello nombre.

Esperanza observó una hortaliza alargada, de color verde, con la piel llena de granitos, y al tocarla, notó como un liquido, que le dio repelús a la pequeña. Su padre le explicó que era un vegetal que tenía muchos usos. Su hija le pidió que lo expresara con una poesía.

HORTALIZA PARA TODO

Mi nombre es pepino y soy multiusos,
no solamente me puedes comer,
sino múltiples servicios te puedo hacer.

Sirvo para tus párpados tonificar
si en rodajas me llegas a cortar
y con ellas, tus ojos consigues tapar.

También en cremas y jabones aparezco
y mi jugo es realmente fresco.
Dejo una suave textura
que alimenta tu piel.

Aunque como mejor luzco
y donde soy realmente el rey,
es en una jugosa ensalada,
al ser la hortaliza más molona.

Aunque mi piel sea rugosa,
mi carne es realmente jugosa
y si me pruebas con esmero,
seguro que me comes todo entero.

Ahora que algo más me conoces,
seguro que me vas a pedir a tus padres
y te voy a encantar
y a todas horas me querrás tomar.

Ahora de ti me despido
y espero haberte instruido,
a este humilde pepino,
un maestro le gustaría haber sido.

Esperanza notó un pequeño picotazo en el brazo, le empezó a escocer y le quemaba como el fuego. La niña se rascaba, lo que aumentaba esa sensación desagradable en lugar de aliviarse, le había picado una avispa.

El hortelano llegó con la siguiente hortaliza y la frotó por la zona que la niña tenía inflamada, produciéndole cierto alivio.

La pequeña tenía curiosidad por ese vegetal y el padre le explicó con el siguiente poema.

LA EXTRAÑA CABEZA

Crezco como si fuera cabeza,
aunque no tengo cuerpo,
pero sí estoy formada por dientes.

Me colocan en forma de ristras,
colocándome en cuerdas trenzadas
y desde ahí yo puedo observar
lo que con gracia vas a guisar.

Si me quitas la piel, mis dientes aparecen
y dentro de mí crecen
apiñados para no salir disparados.

Dicen que pico y me repito
pero es porque me tienen envidia,
y a los platos doy un sabor especial.

Algunos prefieren meterme en vinagre
para mejor poder conservarme
pero aunque a mí no me guste,
me dejan lustrosos los dientes.

Me llamo ajo y en cabezas crezco,
estoy lleno de dientes
y si con tino me sabes utilizar,
tu comida sabrosa voy a dejar.

Esperanza vio en un cesto un vegetal redondo que podría ser una manzana, por lo que tomó uno en sus manos y cuando iba a pegarle un buen mordisco, su madre la detuvo y le explicó que no era la fruta que ella creía, sino la reina de las hortalizas. La niña se quedó con dudas y hacía un montón de preguntas a las que su padre respondió con el siguiente poema:

CEBOLLA, LA SEÑORA DE LA TIERRA

Soy una señora regordeta,
muy friolera,
por lo que siempre voy a la calle
con mi abrigo de mil capas.

Mi casa está bajo la tierra
y no me gusta mucho salir,
por eso saco mis manos de hojas
para el sol poder ver.

Tengo un gusto algo picante
y mi sangre es ácida
y de un color transparente,
por lo que no la puedes ver.

A veces soy tierna y mi sabor es dulce
y he recibido una gran noticia
y me pongo muy alegre.

Aunque inofensiva puedo parecer,
si me atacas, me voy a defender
y de tus ojos lágrimas verás caer.

Soy cebolla, la señora de la tierra,
y a los guisos un gran sabor voy a dar.
Y si me pongo dulce,
un gusto impresionante puedes descubrir.

Ya se estaba acabando la visita y a Esperanza le llamó mucho la atención una planta que parecía un arcoíris, su padre la abrazó por la espalda y le declamó la siguiente poesía sobre ese fruto.

ARCOÍRIS DE PIMIENTO

Soy de distintos colores según voy creciendo
y mi tono voy cambiando
para que sepas cuánto estoy de maduro.

Aunque mi color inicial es el verde,
no tengo nada de envidia,
sino más bien la esperanza
de que bello seré al crecer.

Cuando estoy maduro, me vuelvo vergonzoso
y aunque de mí estoy orgulloso,
tomo un color rojo intenso
y al mirarme me sonrojo.

Esos no son mis dos únicos colores
y tengo más tonalidades
según el sol me va dando
y mi color va cambiando.

Tras el verde, me pongo amarillo
y el sol me presta su dorado
para atraer hasta al más pintado.

Mi cuarto color es el anaranjado
y paso por todas sus estaciones,
hasta que el sol me quema
y me pongo de color rojo.

Cuanto más maduro, más dulce es mi sabor,
y mi color está lleno de dulzor
al madurar junto al sol,
que me da todo su amor.

Te invito a que me pruebes.

Mi sabor es cambiante

según el tono que elijas

y te lo transmito en forma de alegría.

Pimiento es como me llaman

y arcoíris es mi mote,

y tengo todos los colores

aunque muchos no lo noten.

Antes de despedirme te quiero avisar,

alguna de mis variedades

son realmente picantes

y por su fuerte sabor, la lengua te pueden quemar.

Ya se iban a marchar y la mujer del hortelano dio a la niña un cucurucho lleno de un vegetal con mucho tómate, la pequeña lo compartió con sus padres y el hombre improvisó una poesía sobre esa hortaliza:

PATATA DISFRAZADA

Vine de América con un solo traje
pero enseguida sentí frío
y busqué algo de abrigo
para adaptarme a mi nuevo hogar.

Me hicieron de todos los colores
y cada uno tenía sus propiedades,
mi carne fue cogiendo
el color del abrigo que me ponía.

Después me empecé a aburrir
y conseguí que me hicieran un disfraz,
para cada día poder disfrutar
al jugar de una forma distinta cada vez.

Unas veces soy fina y de color dorado,
como si al sol me hubiera tostado,
un aspecto hermoso he de tener
y un sonido crujiente hago al morder.

Otras veces soy un bastón de sol,
con un bello amarillo color,
y es el que más me gusta.
Con él, todo el mundo se divierte.

A veces me pongo tierna y blanda,
con aspecto algo arrugado,
y demasiado me he remojado
y como el agua era caliente,
mi cuerpo ha dejado cocido.

Cuando no me puedes masticar,
me convierto en un tierno puré
para que con mi sabor te deleites.

Mi disfraz favorito es el de corazón
y me hace mucha ilusión
ver a la gente que me entrega
como si fuera su corazón.

Puedo ponerme el disfraz que te guste
y mi alegría es que al comerme te recrees con ellos.

Esperanza estaba muy contenta y las manos llenas de
tomate, que su madre limpió.
Ya en el coche, la pequeña estaba embobada por las
hortalizas que le habían regalado, nombrando cada
una de ellas durante todo el viaje.
Sus padres estaban orgullosos y muy alegres de lo
mucho que había aprendido su hija.

Un familiar de Esperanza se había puesto muy enfermo. La niña veía a su madre muy preocupada y al miembro de su familia débil, por lo que pidió ayuda a su padre para escribirle al hombre.

La pequeña escribió la siguiente poesía:

ÁNIMO, ABUELO

Eres fuerte como un roble,
nada te ha conseguido tumbar,
ni han sabido hacer callar
a tu corazón tan noble.

Eres una persona muy especial,
un ángel que cuida mi destino,
que con su luz ilumina mi camino,
hasta nuestra nave espacial.

Eres de todos los abuelos el mejor,
siendo un abuelo marchoso
que conmigo juega dichoso
a la comba o a bailar el trombón.

Abuelito, quiero que te cures,
por eso te escribo este poema,
siendo el cariño su único tema,
para que tu corazón no haga cruces.

El abuelo sonrió a su nieta tras escuchar la declamación, que estaba contenta de poder ayudar al hombre.

Esperanza se estaba portando muy bien para que su madre se pudiera ocupar de su abuelo.

Su padre hacía todo lo que su esposa no podía hacer, mostrándose unidos y consiguiendo que para su hija las cosas no cambiaran demasiado.

La niña escribió un poema para agradecerles el esfuerzo a sus siguientes miembros;

MIS PAPIS CAMPEONES

Mami, en tu tripa me tuviste,
me dejaste escuchar tu corazón,
que me hacía sentir protección,
y desde entonces me quisiste.

Papi, me das cada día tu mano
para que camine con seguridad
por el mundo con felicidad,
estando siempre a mi lado.

Mi papá siempre me cuida
mientras mi mami está con el abuelo,
dándole apoyo y consuelo,
para que sea más fácil su vida.

Los dos sois unos campeones
y me dais todo vuestro amor
para que mi corazón sienta calor,
naciendo, en él, bellas flores.

Los padres estaban muy orgullosos de la pequeña por lo bien que estaba llevando esa situación, por lo que le comunicaron que iban a darle un miembro más de la familia, por lo que la niña se puso súper feliz.

El embarazo de la mujer transcurría sin muchos sobresaltos y hacía partícipe a su hija de todo lo que iba sucediendo, al mismo tiempo, el abuelo de Esperanza se había recuperado del todo.

Por fin llegó el gran día. Esperanza se quedó asombrada, parecía una muñeca. Con toda la emoción del mundo le recitó la siguiente poesía que había escrito con su padre.

MI BELLA HERMANITA

Ha nacido mi hermanita,
que hicieron mis padres con amor,
poniendo todo su corazón,
teniendo una cosa tan bonita.

Tiene el brillo en sus ojos,
como el de las estrellas celestiales,
al haber surgido de los ángeles,
que me concedieron este antojo.

Se llamará como el ser eterno
que me llena de total calma,
llevando el nombre de Alma,
y será el ser más tierno.

Gracias, mis papis queridos,
por haberme dado tan bella hermanita,
siendo la flor más bonita,
viendo mis sueños cumplidos.

Lo que estaba claro es que era una niña muy deseada y a la que todos querrán y amarán.

QR Booktrailer

QR English

© Sonia Crespo Greciano (de la obra)
©Apuleyo Ediciones (de esta edición)
Primera edición en Apuleyo Ediciones: Enero 2024
Diseño de cubierta: Sofía Corzo González
Corrección: Aitor Andreu Guerrero
Maquetación: Alejandro Bermejo Cercas
Ilustraciones: Angie Alzate
Coordinación editorial: Isidoro Cidre González
info@apuleyoediciones.com
www.apuleyoediciones.com
ISBN: 978-84-10014-73-2
Depósito legal: H 447-2023

Hecho e impreso en España.

ESPERANZA
Y SUS VIVENCIAS

APULEYO EDICIONES　　　FOMENTO DE VALORES　　　CUENTOS ILUSTRADOS

SONIA CRESPO GRECIANO

APULEYO EDICIONES   FOMENTO DE VALORES   CUENTOS ILUSTRADOS